hen

kura

rooster

kogut

chick

kurczątko

duckling

kaczątko

turkey

indyk

donkey

osioł

swan

łabędź

frog

żaba

racoon

szop pracz

bear

niedźwiedź

squirrel

wiewiórka

fly

mucha

ladybug

biedronka

worm

robak

snail

ślimak

slug

ślimak

bee

pszczoła

spider

pająk

beetle

chrząszcz

dragonfly

ważka

lion

lew

zebra

zebra

giraffe

żyrafa

rhinoceros

nosorożec

snake

wąż

mosquito

komar

sea turtle

żółw morski

hippopotamus

hipopotam

alligator

aligator

crocodile

krokodyl

shark

rekin

walrus

mors

penguin

pingwin

polar bear

niedźwiedź polarny

seal

foka

starfish

rozgwiazda

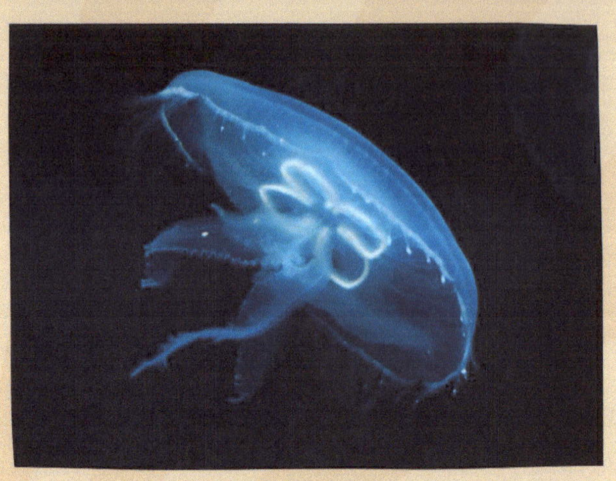

jellyfish

meduza

seashells

muszle

feather

pióro

11

eleven

jedenaście

12

twelve

dwanaście

13

thirteen

trzynaście

14

fourteen

czternaście

15

fifteen

piętnaście

16

sixteen

szesnaście

17

seventeen

siedemnaście

18

eighteen

osiemnaście

19

nineteen

dziewiętnaście

20

twenty

dwadzieścia

heart

serce

oval

owal

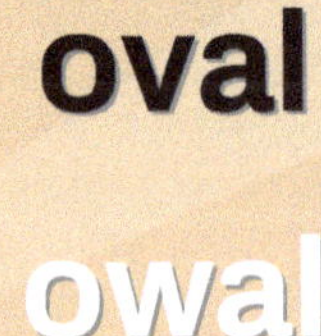

arrow

strzałka

crescent

półksiężyc

curve

krzywa

spiral

spirala

cross

krzyżyk

zigzag

zygzak

rainbow

tęcza

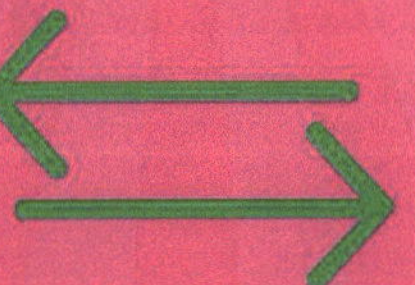

dark colors

ciemne kolory

light colors

jasne kolory

dots

kropki

line

linia

short

niski

tall

wysoki

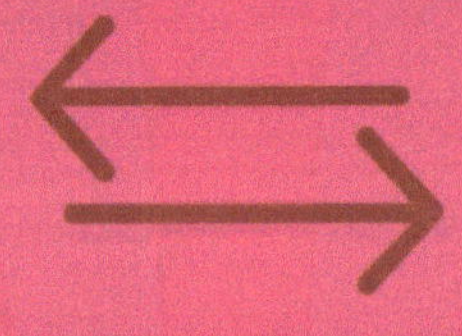

a little

trochę

a lot

dużo

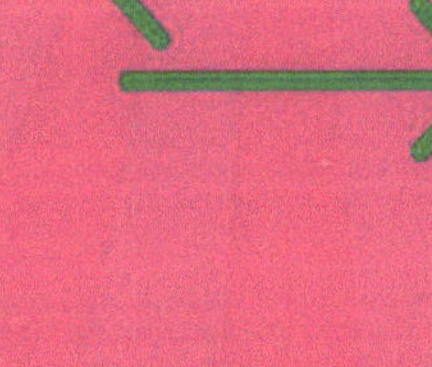

full

pełny

empty

pusty

curly hair

kręcone włosy

straight hair

proste włosy

accept

zaakceptować

refuse

odmówić

identical

identyczny

different

różny

dry

suchy

wet

mokry

toys

zabawki

blocks

klocki

ball

piłka

robots

roboty

tongue

język

nose

nos

hair

włosy

moustache

wąsy

fingers

palce

arm

ramię

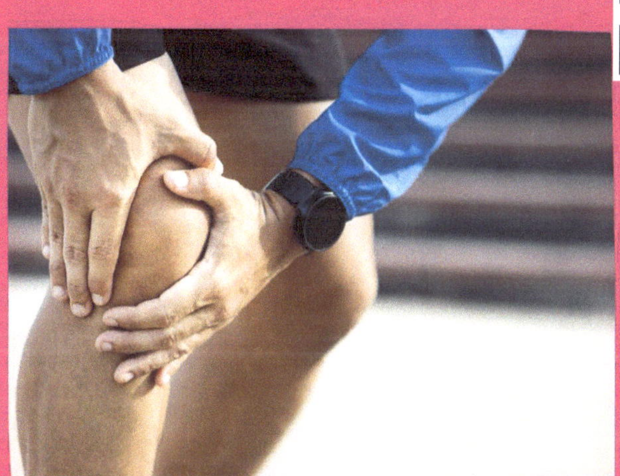

knee

kolano

elbow

łokieć

smile

uśmiechać się

kiss

pocałunek

cry

płacz

pain

ból

body

ciało

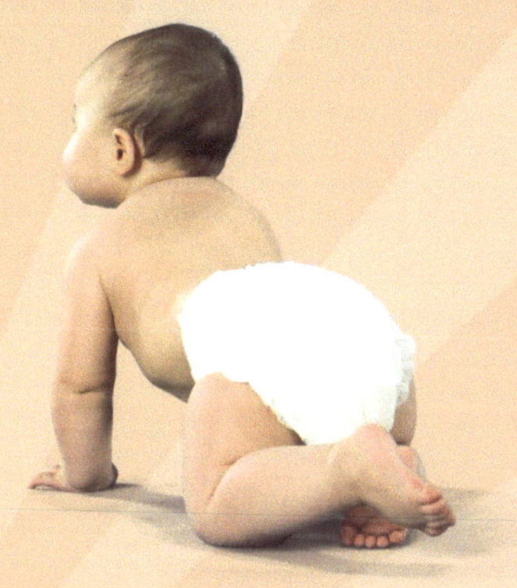

back

plecy

pacifier

smoczek

high chair

wysokie krzesełko

soap

mydło

toothbrush

szczoteczka do zębów

towel

ręcznik

potty

nocnik

ring

pierścień

bracelet

bransoletka

necklace

naszyjnik

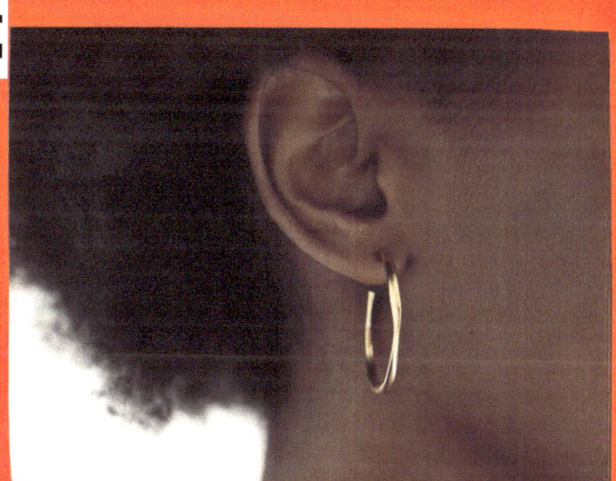

earring

kolczyk

chocolate

czekolada

popcorn

popcorn

jam

dżem

toast

tost

honey

miód

butter

masło

bread

chleb

ice cream

lody

semolina

kasza manna

rice

ryż

pasta

makaron

soup

zupa

milk

mleko

water

woda

juice

sok

kiwi

kiwi

raspberry

malina

grapefruit

grejpfrut

melon

melon

plum

śliwka

apricot

morela

pomegranate

granat

fig

figa

blueberry

borówka

cranberry

żurawina

persimmon

persymona

lychee

liczi

fruits

owoce

vegetables

warzywa

avocado

awokado

green bean

fasolka szparagowa

broccoli

brokuł

eggplant

bakłażan

peas

groszek

bell pepper

papryka

beet

burak

lettuce

sałata

endive

cykoria

artichoke

karczoch

leek

por

onion

cebula

garlic

czosnek

ginger

imbir

walnuts

orzechy włoskie

almond

migdał

pistachio

pistacja

cashew

nerkowiec

www.ingramcontent.com/pod-product-compliance
Lightning Source LLC
LaVergne TN
LVHW071649180726
843512LV00002B/420